U0069427

Jo與你一起過生活

謝秋雯 | 著

創作、經驗、諮商三種力量

前言

　　感謝您閱讀《Jo與你一起過生活：創作、經驗、諮商三種力量》，希望透過本書的陪伴，能讓您在日常生活中有意識地覺察到並打開自己的五感：視覺、嗅覺、觸覺、味覺與聽覺。

　　本書共分為三個部分，分別是「**創作力量**」、「**經驗力量**」與「**諮商力量**」。如果您對探索自己感到興趣，您可以從創作力量開始，整理生活中的點點滴滴，重拾活力；您也可以繼續往內在經驗探索，整理成長中各種經驗對自己的意義，用不同的角度與心態重新看見自己。如果經過日常生活與內在經驗的探索，您有意願進一步了解諮商工作，可以繼續往下閱讀「諮商力量」，認識諮商中常見的幾種諮商力量，蓄積力量尋求專業諮商的協助。

　　附錄中為常見的自我練習活動，可提供您進行自我探索，如果你是諮商工作者，亦可作為個別諮商或團體諮商活動使用。附上簡單的活動使用說明，但沒有特定的使用方式，您可以依照自己的創意來使用。

　　最後，祝您　Enjoy your daily life。

謝秋雯 謹誌

110.2

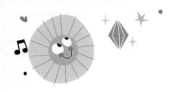

目錄

現在讓我們開始一起體會

第一部
創作力量

1. 欣賞的力量

> 「這個畫顏色很飽滿。」
>
> 「這個很有意境。」
>
> 「不太懂這個作品想表達什麼，但很喜歡。」

　　在生活中我們會因為一個作品、一個字、一個畫面，而有所觸動。作品雖然沒有說話，但其實什麼都說了。通過作品的欣賞、詮釋，讓心靈平靜、洶湧，然後理解，在生活中放進一些新的元素。

　　用欣賞的角度觀看生命，在既定的生活中，豐富不同的顏色、線條。心境跟著不同，情緒也不同，思考模式也不同，就有更多的彈性。

Jo與你一起欣賞

現在請你打開眼睛，看看周圍的人、事、景：

· 你被什麼吸引？

· 你欣賞什麼？

· 如果想跟其他人分享你欣賞的事物，你想分享什麼？
  跟誰分享呢？

2. 音樂的力量

「你問我愛你有多深，我愛你有幾分。」
「啊，這是流浪者之歌。」
「這是什麼曲子，這麼好聽。」

　　生活中有許多聲音，風吹過樹葉的聲音，鳥鳴聲，歌唱聲，樂器演奏的聲音。不管是天然的聲音，或者人為演奏的聲音，聲音可以帶起許多不同的反應。有些人因為聆聽天然的聲音而得到平靜喜樂，有些人在演唱聆聽熟悉的旋律與語言而勾起許多回憶或感動，有些人在創作演奏過程中得到合作與成就感。

　　音樂的力量在每個不同的時間與方式都有療癒的功能。可以的話，在閒暇時，在煩亂時，為自己選一個和心情可以共鳴的方式，例如：唱歌、冥想、律動、演奏，讓自己投入其中，進入另一個世界，重新好好感受。

Jo與你一起體會音樂的美麗

現在請你閉上眼睛，聽聽看周圍的聲音：

· 你現在聽到什麼聲音？你感受到什麼？

· 你喜歡什麼聲音？你感受到什麼？喜歡的原因？

· 你喜歡什麼類型音樂？在這個音樂中，你感受到什麼？

· 如果可以選一個音樂跟其他人分享，你想選什麼？想跟誰一起分享？

· 請選一段音樂，給自己5分鐘投入。

3. 書寫的力量

「今天被貼便利貼，心裡相對平靜，告訴自己別想太多，有許多事情與重心值得努力。」
「我做了一個惡夢，暴走的人，暴走的事情。」
「別忘了自己是一個母親，要堅強起來。」

　　你有沒有在心情煩亂時，隨意寫下當時的心情。有時是讓自己的心情有個出口，有時是讓自己的心情沉澱，有時是有意識地整理自己的想法。手起筆落，拿起的筆，落下的是自己的心情。

　　書寫是一種能量的流動，你可以寫一封信給自己、重要他人，也可以寫完之後唸出來，也可以將一段時間的心靈書寫整理成檔案，也可以跟信任的人分享，甚至出版。心情轉瞬即忘，而文字帶給我們永恆的陪伴，並隨著時間流轉有不同的感動。

Jo與你一起寫下心情點滴

請你現在拿起周遭的筆，感受一下：

· 你現在有沒有想動筆的念頭？

· 如果有，請拿一枝筆一張紙開始自由書寫30分鐘。如果沒有，也請你拿一枝筆開始在紙上畫點點，然後開始書寫。

· 請你看一下自己剛剛書寫的內容，有沒有什麼感受？

· 請你回想最近生活和剛剛書寫內容的關聯？

· 請為自己準備一本筆記本，紀錄生活日常。視個人意願進行分享或出版。

4. 創作的力量

這幾年生活與工作屢有起伏，有時看起來一切都順利了，有時又出現阻礙。有許多內在聲音跑出來，包括

「最近真的太不順了」、
「我恐怕不行了」、「我真是太失敗了」。

覺得自己力量不見了，連帶也將這樣的情緒或想法透過口語或非口語傳達給身邊靠近的親友。可是有時候說了也不一定能收到回應，有時候說了還是陷在當中。

這時，你會做些什麼？你可以試著將心情寫下來，聽幾首音樂、隨手塗鴉、戶外走走。甚或學一項新的事物、打掃環境。不管是什麼，那都是內在能量的流動，有時還沒準備好要做什麼大改變，有時還沒想好下一步，有時就只是放空。其實只要能察覺到內在的聲音，先和自己在一起，陪伴自己，做什麼都可以帶來力量。在日常生活中走一段不一樣的路，用不同角度看事物，產生新的作品，其實都是「創作」。

創作所帶來的力量，是在產生的過程與欣賞結果。可以的話，用創作的力量陪伴自己度過一段時光，也許可能性就出現了。

Jo與你一起嘗試創作

請你先感受一下自己的狀況，問問自己：

· 最近的心情如何呢？

· 你如何表示心情？哪種方式？

· 通常運用這種方式之後，心情會有什麼變化？

· 在你的經驗中，什麼方式是你一直很想去嘗試？什麼
原因？

· 如果各方面條件適合，請你試著去嘗試看看。

5. 植物的力量

> 「冒出芽了」
> 「媽媽，玫瑰花開了，好漂亮。」
> 「綠油油的看起來很舒服。」

　　低下頭去聞聞看味道，伸手觸摸葉片或花瓣，踩踩泥土。讓自己跟植物對話，是一件很自在與舒服的事情。

　　有時買樹苗親手培土種植，有時運用隨手可得的種子，有時單純欣賞已經長成的花木，有時到森林去環抱樹木，有時到花市去尋找有緣的花，有時是接受別人分享的花，有時把即將收穫的番茄送人，有時收到豐收的辣椒。

　　在這過程中，感到尋找與隨緣，遠觀與親近，給予與接受，也接受生命的開始與殞落，接受如實的存在。

　　有空的時候，選擇一個最舒服的方式，讓自己靠近植物，讓植物的力量自然的產生。

Jo與你一起發現植物的奧祕

請你先感受自己的狀況，重新體會：

· 你最近一次跟植物接觸的經驗？

· 你注意到什麼？顏色？觸覺？味道？

· 這些接觸經驗有讓你聯想到什麼？

· 如果你已經很久沒有跟植物接觸，請你找一個靠近植物的方式。

· 如果想不到靠近植物的方式，請你抬頭尋找最近的植物並試著觀察與描述它。

6. 遊戲的力量

> 「我想要再疊高一點。」
> 「掉下來了，唉。」
> 「這個是超人，這個是壞人。」

這些遊戲中才會出現的語言，是孩子內在的語言。遊戲是孩子天生的語言，孩子透過遊戲來理解世界、建構世界，連結自己、他人、環境。孩子在遊戲中嘗試錯誤、體會成就、練習關係，這些是很難用語言去說的。

如果你有小孩，請陪伴他，給他時間與空間，給他支持與回應。先別急著評論，先讓孩子知道有人看到他的投入與努力。

如果你長大了，請跟內在的小孩連結，允許他可以用自己的方式玩，啟動自己的自發性與創造性。

遊戲的力量將會創造你新的世界觀。

Jo與你一起PIAY

請你想一想：

· 你最常玩的遊戲是什麼？

· 你喜歡遊戲的原因？你感受到什麼？

· 如果可以選一個遊戲跟其他人分享，你想選什麼？想跟誰一起分享？

· 請開始一個遊戲，請給自己一段時間投入與感受。

7. 運動的力量

「一起來打球吧！」
「流汗的感覺真好。」
「最近體力好像有好一點。」

　　身體的渴望、身體的感受、身體的回饋是很真實的。身心靈的發展身體是很重要的部分，也是維持身心靈健康的基礎。一個人如果能在日常生活中注意到身體的部分，包括作息、營養、運動，都會有助於面對生活中偶爾出現或長期出現的事件，增加因應能力，減少疾病的發生率。

　　運動可以幫助頭腦釋放好的能量，也能在運動中逐步建立力量感與掌控感，甚至慢慢減緩身心原本的不適感。

　　你可以從身體最缺乏的部分開始，也可以從最不造成體力負擔的部分開始，也可以從最容易著手的部分開始。

　　動，就對了！

Jo與你一起動起來

想想看，可以的話動起來：

· 你最近有運動經驗嗎？

· 在運動中，你感受到什麼？

· 你喜歡什麼運動？最不喜歡什麼運動？什麼原因？

· 如果身體可以傳達一些訊息，你覺得你的身體告訴你
  什麼？

· 整理一下心情，整裝出發運動了。

8. 戲劇的力量

「真相只有一個」

「在愛情裡不被愛的才是第三者」

「生活就像一盒巧克力——你永遠不知道你會得到什麼。」

　　這些熟悉的卡通、連續劇、電影對白，是否讓你浮現一些畫面或者讓你很有感覺？看到角色設定和自己類似的地方會有共鳴，看到角色因為種種原因受到痛苦會感同身受，看到角色有所轉變也湧起想要行動的能量。

　　在戲劇中我們將自己投入進去，看到主角的人生，但體會的是自己的故事。

　　有空的時候找找自己曾經悸動的電影、電視、卡通，重溫一次。

　　將自己投入進去，閉眼想像著、體會著主角的情緒，將內在的空間變大、變細膩，改變可能就出現在下一次開眼時刻。

Jo與你一起進入戲劇的奇幻世界

想想看：

· 你喜歡的戲劇類型？戲劇名稱？

· 你喜歡這些戲劇的原因？

· 你印象最深的一個角色？什麼原因觸動了你？

· 如果可以選一個戲劇片段跟其他人分享，你想選什麼？想跟誰一起分享？

· 請選一段落，書寫未來結局。

· 請選一段落，畫出你的感受。

接下來讓我們一起體會

第二部
經驗的力量

1. 人際關係

> 「我真的覺得很痛苦，這些人都在說我的身材，我不想進教室上課。」
>
> 「這些同事真的很奇怪，明明就沒什麼事，硬要惹出一些事。」
>
> 「我真的很討厭那些長官的嘴臉，一副自己什麼都會的樣子，其實什麼都叫別人做。」

　　人際關係泛指人跟人之間的關係，可以發生在同學、同事、朋友、親人間、網友。人際關係在諮商主訴問題中占有相當大比例，通常在學習階段的孩子會更在意人際關係，尤其是同儕關係，可能是因為正在學習社會化過程中對於他人的評價判斷能力尚未建立完整，因而對於他人的意見無法因時、因地、因人做出回應。

　　人際關係互動模式與方式也跟原生家庭或過去經驗有關聯，因而在個別諮商中諮商心理師會跟個案討論人際關係模式，促進個案的覺察並做出與練習新的適宜的回應。除個別諮商外，團體諮商也是處理人際關係常用的方式。團體諮商由多人組成，是一個社會模式呈現，因而團體諮商更有助於人際關係的處理，運用團體諮商的此時此刻讓個案理解與自己的狀況，並在團體中醞釀

或練習新行為。

　　人際關係是人在社會中必須面對與常見的狀況，有時會跟其他狀況一起出現，有時是在展現個人更深層的問題。也因此人活在關係中，也在關係中歷練與成長。

Jo與你一起看見人我關係

現在請你想一想：

· 你對人際關係的看法？

· 你自己在人際關係經驗如何？有什麼感受？

· 你印象最深的人際關係經驗？有什麼感受？對你有什麼影響？

· 如果可以跟當時的自己對話，你最想說什麼？

· 如果可以跟當時人際關係中的他人對話，你最想說什麼？

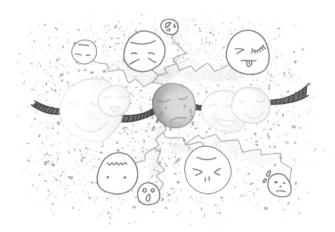

2. 創傷失落

「平常都有在做檢查，怎麼會這樣說走就走。」

「發生這些事沒有人要跟我談，好像什麼都沒發生。」

「我沒有什麼難過，就是讓日子一直過下去，但現在我想要看看自己到底怎麼了？」

　　失落與哀傷是我們生活中常出現的經驗，有時是一段感情的離開，有時是親友的告別，有時是情感的背叛，有時是某種能力的喪失。這些經驗是生命的一部分，有時存在但不造成生活的影響，但有些經驗因為超過當時的自己所能承受，因而變成壓抑的記憶，在生活日積月累中隱藏，但因為某些時刻某個原因被喚起。

　　對任何人而言，願意來諮商就是一件很不容易的事情。願意揭露自己深層的經驗，願意讓自己的情緒流露出來，願意讓自己的想法表露出來，接納了自己。因為願意諮商，表示做好初步心理準備，但不代表諮商歷程就會一直很順利，有可能因為太痛苦必須暫停，有可能因為太害怕選擇不動，有可能因為太艱難而離開諮商。

　　不管是什麼選擇，都是當下最能接受的選擇。諮商心理師尊重你的步調，尊重你的意願，尊重你的選擇。

諮商心理師用適合的方式陪伴你在失落與哀傷的路上前
行，可以是諮商心理師個人經驗的揭露，或是案主斷斷
續續的陳述，也可以是你的創作與分享。陪伴與接納讓
這些生命中曾經無法承受的情形，而重新有了新的重量
與位置，然後你可以選擇用自己目前願意的方式繼續往
前行。

Jo與你一起走過創傷與失落

請你想一想：

· 你的創傷與失落的經驗？

· 你印象最深的創傷經驗？有什麼感受？當時有誰支持你？

· 你印象最深的失落經驗？有什麼感受？對你有什麼影響？

· 如果創傷跟失落是那時必要的過程，你最想跟現在的自己說什麼？

· 如果可以跟那時的自己對話，你最想說什麼？

3. 生涯選擇

> 「我不知道未來要往哪條路走。」
>
> 「我一路以來都順著父母的意思讀書、找工作，可是那都不是我自己喜歡的。」
>
> 「在公司有很大壓力，我想要換工作，可是又覺得可能找不到更好的。」

　　一個人在成長過程中，可能會面對許多重要的選擇，例如選學校、選工作，選對象，選擇要或不要。每一個選擇都可能牽涉到自己未來的生涯發展，因而猶豫、舉棋不定都是做決定前正常的情緒反應。一個人的生涯與抉擇受到許多因素影響，有些是阻力，有些是助力。例如生涯決定方式、家庭經驗、社會環境、之前經驗。

　　在個別諮商中，諮商心理師可能會跟您討論做決定的種種因素，或者是個人情緒。會運用相關的諮商技術讓您對生涯抉擇有初步覺察、方向、甚至行動，這個歷程或許單次晤談就可達到，或許需要更長的時間。但諮商內省與討論的經驗會對個人的內在經驗產生喚起和煥新。生命中沒有完美的決定，只有當下可以接受的決定，而這些決定會變成生命中每個重要的時刻。

Jo與你一起面對生涯與選擇

請你想一想：

· 你對個人生涯發展的看法？

· 你認為自己的生涯發展滿意嗎？有什麼特殊經驗？

· 你想要的未來生涯發展是什麼？考慮因素是什麼？

· 如果未來生涯可以有一個方向？你最想要什麼？

· 如果未來有選擇題，你認為可能是什麼？你的考慮因
　素是什麼？

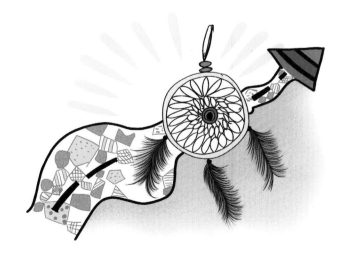

4. 原生家庭

「我不喜歡我的家庭，真的很想離開家。」

「我覺得我們爸爸媽媽真的很不公平，
為什麼我就不可以……」

「長大了，我發現有些時候很像自己的媽媽，
可是我明明很不想像她。」

　　家庭是我們出生、成長、生活的第一環境，也是影響個人成長相當重要的力量之一。一個人的信任感、安全感、生活習慣、人際對待方式都跟家庭經驗相關，成長過程中有時會因為階段任務的不同而有不同的衝突，例如青少年期想建立獨立感可能會跟家庭產生衝突，有些人可以因應衝突產生不同互動而順利完成任務，有些人則因為種種因素無法建立適當的互動模式。這些家庭經驗將來可能會影響日後情緒表達、生活適應狀況。

　　如家庭內發生性侵害或家庭暴力會嚴重傷害對人的信任感與安全感。加上如果發生在年幼兒童身上更會嚴重影響兒童的身心發展，加上兒童自我保護能力低與對家人的信任，常常無法表達出真實的感受，因此特別需要周遭大人的關注，尤其是社政、法政各單位的共同協助。令人難過的是在這些狀況之下成長的孩子可能會成

為下一個行為人，因此需要讓被行為人覺察這些狀況並中斷循環。

家庭經驗的探索在個別諮商中是很重要的部分，有助於覺察與清楚個人情緒、認知與行為的狀況，重新建立或選擇個人與家庭的互動方式。

Jo與你一起看見家庭成長歷程

請你想一想：

· 你對家庭的看法？

· 你的原生家庭組成與互動狀況如何？想到家人時你有什麼感受？

· 你的原生家庭如何影響你？是怎樣的影響？

· 如果可以跟原生家庭對話，你最想跟誰說話？說什麼？

· 如果可以跟小時候的自己對話，你最想說什麼？

5. 疾病死亡

「我真的覺得很不舒服，尤其是胸口常常會悶悶的，可是也檢查不出來什麼。」

「我發生了一個意外，失去了行動自由能力。為什麼是我呢？」

「我的媽媽已經躺在醫院兩年了，我很矛盾，覺得她很痛苦希望他早點解說，但是又覺得自己這樣想很不孝。」

　　生老病死是人的常態，也是過程。在這個過程中，我們會面對許多挑戰，也許是來自本身疾病所帶來的焦慮、疼痛感、失落，有些是親人疾病所帶來的生活挑戰、恐懼、矛盾。有時單純的焦慮與害怕這些狀況並不會影響到生活的節奏，有時沉重的情緒低落與拉扯會讓我們失去生活的動力。

　　但疾病有時也會帶來不一樣的感受與認知或新的行動。包括對生活有新的感受，重新對生活事物的重要性排序，產生勇氣與動機。這過程需要一點時間，每個人的歷程也不一樣。有的人會先否認，有的人會直接承認，有的人會馬上有行動，有的人可能需要一段時間才能去處理內在的情緒。

　　身體會真實的反應我們的狀況，包括飲食、壓力、睡眠等。可以的話聆聽身體的語言，真實的確認自己的狀態。諮商心理師會在諮商過程中與您澄清相關議題，可能是與壓力對話、可能是確認日常的狀態，可能是往內挖掘內在感受，可能是擬定新策略，練習與疾病對話。

Jo與你一起與疾病對話

請你想一想：

· 你對疾病的看法？

· 你印象最深的一次生病經驗？有什麼感受？當時有誰
  支持你？

· 你印象最深周圍親友生病經驗？有什麼感受？對你有
  什麼影響？

· 如果可以跟身體對話，你最想說什麼？

· 如果可以跟自己的疾病對話，你最想說什麼？

6. 愛情婚姻

「早知道是這樣，當初不如就早點分開好了。」
「我實在很愛我的先生，但我真的很難跟他家人相處。」
「我先生回去之後就躺在沙發上睡覺或玩手機，把小孩還有家事都丟給我。」

愛情與婚姻，是個人成長歷程中準備期、實踐期，非常因人而異的重要議題。愛情主要以吸引力為主，而婚姻以現實基礎為主，因而在愛情與婚姻的考慮與挑戰有所差異。有些愛情所面臨的狀況是來自之前情感經驗，有些是來自原生家庭經驗，有些則是社會環境轉變。婚姻所面臨的挑戰除了上述狀況還牽涉了法律層面。而兩者主要的共同點是因為情感的建立、維持與消失，還有在過程當中所牽連到的多種情緒。

愛情與婚姻的挫折會讓個人產生價值感低落、失落、痛苦，甚至失去動力，嚴重者甚至會出現憂鬱等狀況。這些挫折經驗如果能被接納、理解，個人就有機會重新看見自己，重新處理親密關係。

40

Jo與你一起走進親密關係花園

請你想一想：

· 你對愛情的看法？

· 你印象最深的一次感情經驗？有什麼感受？

· 你印象最深周圍親友感情經驗？有什麼感受？對你有
  什麼影響？

· 如果可以跟另一半對話，你最想說什麼？

· 如果可以跟一段關係對話，你最想說什麼？

7. 學習成長

「我不知道要怎麼學，好像什麼都學不起來。」
「我覺得這個很難，我記了又忘。」
「為什麼要學這些東西，將來又用不上。」

　　學習是每個人成長過程中必然的經驗，有些學習是在學校體制，有些學習是在社會體制。有些學習是自願的，有些學習是非自願的。有些學習是愉快的，有些是帶點受傷經驗的。有些學習是被評分，有些學習是自己評斷。有些學習是可以中斷的，有些學習是必須連續的。這牽涉到學習的環境、動機、成就、評量、未來發展。因此每個人的習經驗大同小異，但又非常個人化。

　　對兒童與青少年而言，學習的動機與成就對學校生活的經驗有相當大的影響。整體而言，學習成就高能夠有較多的教師關注、擁有較多資源與機會。相反的，如果學業成就不佳可能會影響家庭父母的期待與對待，學校人際的不友善對待，影響到個人的自我概念等。

　　如果你是正面對學習困擾的狀況，請尋求協助。如果你是家長或學校教師，請先理解孩子並提供支持與孩子需要的協助。

Jo與你一起學習成長、成長學習

請你想一想：

· 你對學習的看法？

· 你印象最深的一次學習經驗？有什麼感受？對你帶來
  什麼影響？

· 你印象最好的學習經驗？有什麼感受？對你有什麼影
  響？

・你印象最不好的學習經驗？有什麼感受？對你有什麼影響？

・如果可以重新回到學生生活，你最想回到哪一個階段？什麼原因？

・如果可以跟自己的小孩交換生活，你會體驗到什麼？

讓我們一起體會

第三部
諮商力量

1. 認識諮商

「諮商是什麼？」

「為什麼要接受諮商？」

「諮商心理師是什麼？都在做什麼？」

「諮商需要多久？」

「接受諮商有效嗎？」

上述這些疑惑是個人在被建議諮商時常常出現的，這顯示出諮商這個工作的特殊性、專業性。以下簡單說明之。

個別諮商是由專業訓練取得證照的心理師（諮商／臨床）進行一對一、面對面晤談。目前諮商服務除了面對面諮商，亦有機構提供網路諮商。

心理師是歸屬在醫事人員，須取得諮商／臨床心理師證照方得執業。目前執業範圍涵括：醫療系統、社區機構、學校機構。目前台灣的諮商服務除在部分醫療機構有健保給付，多數為自費。費用依照各機構規定有所差異，建議可事先跟機構進行聯絡確認費用與需求。免費的諮商服務目前有各縣市政府衛生局、社福機構。

接受諮商的動機有些時候是因為主動想找人談談，有些時候是因為就診醫師的建議。

每次諮商時間為一小時左右，晤談期間、主題、進行方式依照案主與諮商心理師的協定，一般而言所需時間與諮商成效依案主、經濟、雙方適配性而有所差異。

　　有關各縣市諮商機構與資源，請查詢衛生福利部官網。https://dep.mohw.gov.tw/domhaoh/mp-107.html

Jo與你一起接觸諮商

請你想一想，了解一下：

・您之前曾經出現接受諮商的想法嗎？有接受諮商的經
驗嗎？經驗如何？

・請您搜尋一下住家附近的提供心理諮商的機構？

2. 諮商關係

「我跟你說的事情你會保密嗎？」

「你相信我說的話嗎？」

「你跟我身邊的人都一樣。」

在個別諮商中一對一的特殊關係，是很有力量的。因為在諮商中案主可以體會到關係的建立、改變、結束，也會體會到關係中的被挑戰、被質疑，也就是說在原本日常生活中所體會到的關係都有可能在諮商關係中出現。諮商心理師如何回應關係就是諮商發揮力量的基礎，諮商心理師可以傾聽、理解、發問、建議、自我揭露，讓談話變得有意義，讓關係有意義。隨著諮商關係的建立，諮商心理師跟著你看見你的世界，也讓你看見原本視而不見的世界。於是，諮商有了方向、有了力量。

Jo與你一起了解諮商關係

請你想一想：

· 你什麼時候會特別在乎關係？什麼原因？

· 你什麼時候不想經營關係？什麼原因？

· 你覺得建立關係的優點是什麼？有什麼風險嗎？

· 當你想建立關係，但別人不願意時，你想到什麼？感受到什麼？你會怎麼做？

· 當你有意願接受諮商時，你理想中的諮商關係是什麼？

3. 傾聽力量

「嗯，所以你想要⋯⋯」
「你認為自己⋯⋯」
「你很難過。」

　　在諮商中，傾聽是一個重要的力量。案主說出目前或日常生活的困境，因為有了傾聽，故事與情緒有了一個安放的位置。故事在傾聽中展開，情緒在傾聽中流動，改變在傾聽中出現。案主不只被聽見，也聽見自己。

　　說出來，好像就舒服一點。說出來，好像有點什麼不一樣。有人聽，好像就有了一個被支持的力量。有人聽，好像自己的故事是很有意義的。在聽—說之間，在你—我之間，傾聽的力量穩穩織成諮商的安全網。

Jo與你一起體會被聽見

請你想一想：

・你什麼時候需要別人傾聽？什麼原因？

・你什麼時候能夠傾聽別人？什麼原因？

・你覺得傾聽的優點是什麼？有什麼風險嗎？

・當你想傾聽時卻發現和你想像不一樣的資訊，你有什麼感受？你會怎麼做？

・當諮商心理師願意傾聽時你感覺到什麼？

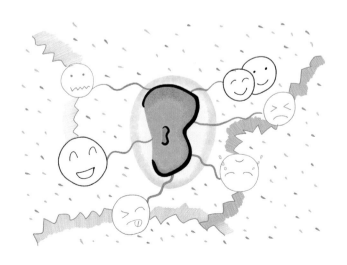

4. 詢問力量

「關於這些事情你可以多說一點嗎？」

「有什麼時候你會讓自己變得更有力量？」

「這個事情今天你的表達不一樣，是嗎？」

　　發問，是諮商邁向更內在更深層的重要方式。發問，展現諮商心理師的好奇。發問，展現諮商心理師的觀察。發問，展現諮商心理師的風格。發問，展現案主的動機。發問，展現案主的內在。發問，展現案主的真實。

　　發問，回答。發問，不答。都是案主發出的訊息，回答可能代表情緒回應的能力，可能代表行為影響的能力，可能代表認知討論的能力。不答可能代表還在準備的狀態，可能代表對問題本質的疑惑，可能代表諮商關係的狀況。在發問之間，在回答之間，展開通往案主心靈地圖的方向。

Jo與你一起面對自我

請你想一想：

・你什麼時候會發問？什麼原因？

・你什麼時候不想發問？什麼原因？

・你覺得發問的優點是什麼？有什麼風險嗎？

・當你想發問時，但別人不想說時，你想到什麼？感受到什麼？你會怎麼做？

・當你有意願接受諮商時，面對諮商心理師的發問你會怎麼處理？

5. 自我揭露

「我想跟你分享類似的經驗。」
「這樣的感受我也曾經有過。」
「這樣的事情我個人的看法是這樣的。」

　　個案的自我揭露是指個案願意在諮商中真實地呈現自己的經驗。諮商心理師的自我揭露是指諮商心理師在諮商過程中，因為個案的經驗有所觸動或想跟個案進一步分享資訊。個案的自我揭露是諮商進展重要的因素，諮商心理師的自我揭露也是促進諮商進展的動力之一。諮商心理師的自我揭露雖然有助於諮商關係建立與推展，但必須注意諮商心理師的過度或不當自我揭露影響諮商歷程。

　　諮商中的自我揭露打開個案的內在空間，也讓諮商心理師有機會運用自我揭露的時機、內容進行後續的諮商工作。

Jo與你一起說出來

請你想一想：

· 你什麼時候會自我揭露？什麼原因？

· 你什麼時候不想自我揭露？什麼原因？

· 你覺得自我揭露的優點是什麼？有什麼風險嗎？

· 當你想知道什麼，但別人不想說時，你想到什麼？感受到什麼？你會怎麼做？

· 當你有意願接受諮商時，你會從哪裡先自我揭露？

6. 澄清確認

「你之前所說的不舒服是指什麼，可以再說清楚一點嗎？」

「你之前所提到的無法靠近的經驗跟今天提到的想要靠近但做不到，兩者有相關嗎？」

「你剛剛提到想逃離家庭，你最近提到想要回家，這中間有什麼關聯嗎？」

　　澄清在諮商歷程中是一個重要的過程，主要目的在於讓案主有機會再思考之前所提到的狀況有無差異，另外也有機會去深入思考諮商心理師認為重要的事件。

　　對諮商心理師而言，運用澄清的技巧，有助於讓諮商中看起來重要但模糊的事件或關鍵點可以有機會更清楚，也有機會讓個案看見重要的矛盾點，更重要的是有助於讓諮商更貼近案主的需求。

Jo與你一起面對疑惑

請你想一想：

· 你什麼時候會想澄清訊息？什麼原因？

· 你什麼時候不想澄清？什麼原因？

· 你覺得澄清的優點是什麼？有什麼風險嗎？

· 當你想澄清什麼，但別人不想進一步說明時，你想到什麼？感受到什麼？你會怎麼做？

· 當你有意願接受諮商時，面對諮商心理師的澄清或挑戰你會想說嗎？

7. 建議力量

「這個星期你可以觀察一下周圍人的反應。」
「你可以將自己的心情寫下來或畫下來。」
「關於自己未來的方向你可以用這個方式評估。」

在諮商中，建議是諮商心理師引導個案思考方向，也是諮商心理師讓個案將想法進行落實，或是提供一個既定的方式讓個案進行評估。

建議是建立在諮商心理師與案主一起工作一段時間之後所做出的意見傳達，並非諮商心理師個人意志或價值觀的傳達。當然，案主可以提出自己的看法與決定。諮商心理師與案主會在討論之後檢核建議，這有助於案主對於自己行為的責任。

建議的力量，是建立在諮商進展，也建立在雙方尋求共識過程中，透過建議的執行與檢核逐步建立諮商結果。

Jo與你一起看見更多可能

請你想一想：

・你什麼時候會想給別人建議？什麼原因？

・你什麼時候不想給別人建議？什麼原因？

・你覺得直接給建議的優點是什麼？有什麼風險嗎？

・當你想給建議時，你想到什麼？感受到什麼？當別人
不接受建議時，你會怎麼做？有什麼感受？

・當你有意願接受諮商時，你會希望得到諮商心理師什
麼樣的建議？

你也可以自我練習

自我練習活動

一、開始階段

活動1. 自我畫像

　　請您畫出自己目前的樣子，並進行命名。如為團體活動，成員可進行分組分享。例如分成兩組，一組人先介紹作品方式，另一組人進行參觀發問，接著角色交換。

活動2. 隱藏自我畫像

　　請您畫出自己知道但想隱藏的樣子，並進行命名。
亦可面具繪製後進行團體人際互動與分享心得。

活動3. 名字藏頭詩

請您說出自己名字的由來或有趣的事情，例如將名字嵌成藏頭詩。如為團體活動可與成員分享。例如：秋風揚兮自在行，雯思落成錦書成。

二、過渡與工作階段

活動4. 十字圖

　　請您以現在的自己狀況進行阻力、助力、資源、策略的評估。如為團體活動可進行分享。

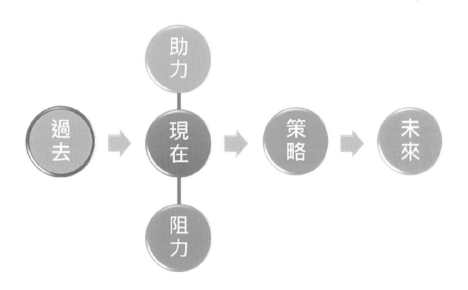

活動5. 同心圓

　　請您將最近人際關係的狀況運用剪貼、繪畫將關係的遠近、性質表示出來，並試著觀看一下看看是否需要調整。你可將心情記錄下來，如為團體活動請進行分享。

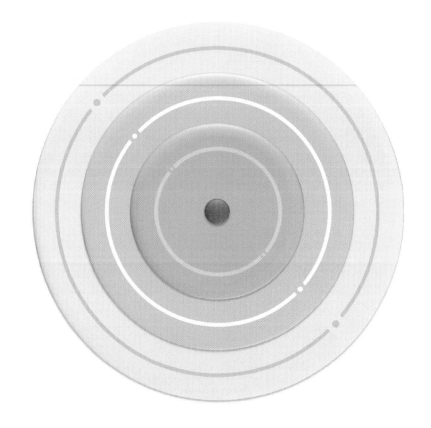

活動6. 人型圖

　　請您將身體上覺得有壓力／創傷／不舒服的部分標示出來，並請在空白寫上你跟身體的對話。如為團體活動可進行分享。

活動7. 表情馬卡龍

　　請你描繪出自己今日表情、常出現的表情、自己喜歡表情、好朋友表情、最不喜歡別人出現的表情等。如為團體活動可運用結果進行分享或表情猜測活動。

活動8. 未來大富翁

　　請您將未來可能想要的目標，可能遇到的阻力、助力、機會、繪製成大富翁，可以邀請2個夥伴一起進行活動，並可進行分享。

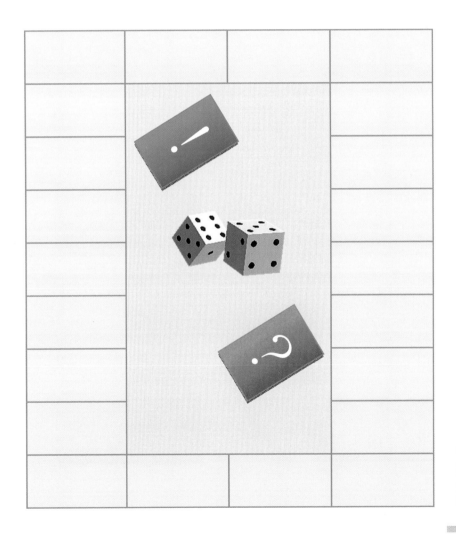

自我練習活動

活動9. 面具圖

　　請您將自己最常出現的臉（願意開放）描繪出來，接著請畫出內面（隱藏自我），請看看這兩者的差距，並寫下心情或進行分享。

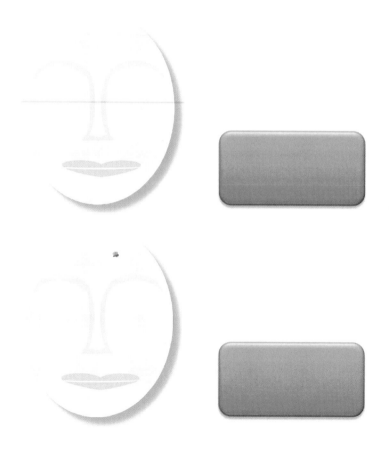

活動10. 味道地圖

　　請您將記憶中的味道表示出來（可以是剪貼、繪畫、照片），並試著寫／說出其中的故事。如為團體活動可進行分享。

活動11. 探索箱

　　請將目前／未來您認為可能會遇到的狀況／困境畫下來，或者剪貼雜誌亦可。接著請您運用不同的距離觀看圖，並將感受、想法表達出來。（可自由創作或與他人分享）

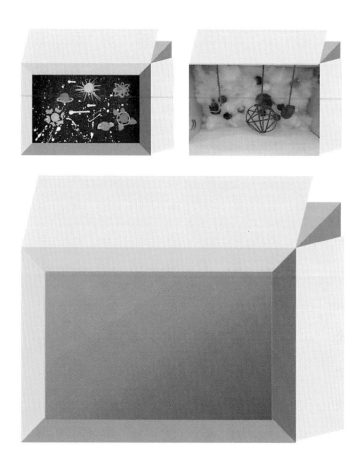

活動12. 六連拍

　　請您拿著相機或手機進行六連拍。如為團體活動進行小組或團體分享。

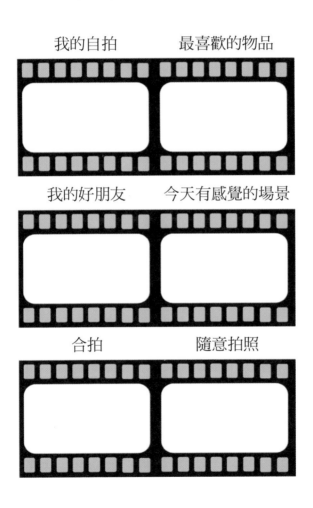

日期：＿＿＿＿＿＿＿＿＿＿＿＿＿＿＿＿

活動13. 牌卡運用

　　牌卡有許多使用方式，請您依照今日個人議題進行相對應的活動並將結果進行整理、分享、紀錄。

　　舉例：未來規劃。請您從牌卡中挑選中選擇未來預期可能會發生的狀況，接著再從當中挑選出10張卡片，將卡片依照時間序進行排列，並進行描述。

主題：

卡片結果黏貼處：

卡面結果描述：

活動14. 自由書寫

　　請您選一個可以安靜書寫地點，運用30分鐘開始自由書寫。在還不知道要寫什麼時可以用「‧」來表示。

我的自由書寫

簽名：　　　　　　時間：

活動15. 一封信

　　請您選一個對象將您想跟他說的話寫下來。接著您可以依照自己的意願選擇是否寄出。

TO：

簽名：　　　　　　時間：

活動16. 心靈拼貼

　　請您運用周遭可取得的素材（雜誌、廣告單、雜誌、書等）進行剪貼。並可護貝依個人需求做成想要尺寸的書籤或卡片。

活動17. 擴香石

　　請您準備石膏、水、精油、乾燥花等。將石膏與水以2：1的比例混和將其倒入模型，可以在表面加入乾燥花，等待擴香石乾後脫模滴入精油、繪畫創作。並運用擴香石進行分享。

我的擴香石創作

1. 我選擇模型的過程為何？

2. 我進行擴香石創作的感受或想法？

3. 完成後我想怎麼運用擴香石？

活動18. 神奇商店

　　有一天您走進一間神奇小店，可以用自己的東西(特質)去交換想要的東西，您希望從那間商店完成交易後，您成為什麼樣子？

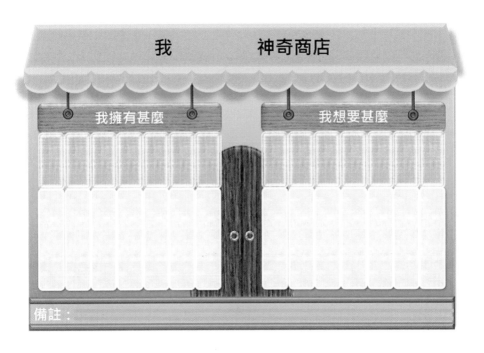

· 想交換什麼？用什麼交換？

· 交換後您滿意嗎？進行活動有什麼感受或想法？

三、結束階段

活動19. 治療一頁書

　　1.請您用一張A4紙摺成8個等分；2.將虛線剪開；3.摺成小書；4.你可將創作作品剪貼或放入，即可完成個人的治療一頁書。如為團體活動可進行分享。

2	封面1
3	封底8
4	切割線 7
5	6

活動20. 冒險地圖

　　未來路上可能有許多不可知的冒險，或者已經知道的關卡。請您畫出未來地圖模型，接著設計關卡與規則，就可以開始冒險旅程，如為團體可進行小組或團體分享。

你也可以這麼做

　　Jo與你一起過生活自我練習活動可以運用在不同主題的團體或工作坊中，您可以根據您的時間與目的進行活動的時間進行調整與運用。以下以一日工作坊、兩日工作為例，週間團體則可依團體階段進行運用。

一、單日工作坊（助人者自我照顧工作坊）

（單日工作坊）

時間	活動	內容	媒材
90 分鐘	創作暖身-自我畫像	1.說明團體目的與內容 2.互相認識 3.熟悉媒材（現在的自我）	1.蠟筆、水彩 2.筆 3.圖畫紙 4.無痕貼土（或磁鐵）
90 分鐘	專業歷程沉澱與整理-**牌卡+人形圖**	1.專業歷程繪製（歷程繪製） 2.個人壓力檢測	1.蠟筆 2.毛線（鋁線） 3.剪刀 4.黏土 5.白膠
90 分鐘	專業的初心與價值-**擴香石**	1.專業歷程分享 2.互相支持與回應	1.石膏、紙杯、環保筷 2.石膏顏料
90 分鐘	自我照顧約定與祝福-**治療小書**	1.自我照顧約定 2.團體回顧	1.A4紙

二、兩日工作坊（看見自我三部曲）

時間	活動	內容	媒材
第一天 上午 3小時	創作暖身	1.說明團體目的與內容 2.互相認識 3.熟悉媒材	1.蠟筆、水彩 2.筆 3.圖畫紙
第一天 下午 3小時	和現在的自己擊掌- **經驗十字圖**	1.整理自己目前的狀況 2.分享	1.蠟筆 2.毛線 3.剪刀 4.黏土 5.白膠
第二天 上午 3小時	與過去的自己和解- **同心圓圖**	1.回溯過去的經驗 2.整理與支持	1.蠟筆 2.黏土 3.白膠
第二天 下午 3小時	和未來的自己say hello- 未來大富翁 **治療小書**	1.劃出未來圖像 2.分享與支持 3.整理回顧	1.蠟筆 2.剪刀 3.黏土 4.白膠 5.圖畫紙

國家圖書館出版品預行編目資料

Jo與你一起過生活：創作、經驗、諮商三種力量
／謝秋雯著. --初版.--臺南市：巧藝有限公司，
2021.7
　　面；　公分
ISBN 978-986-06385-0-9（平裝）
1.心理治療 2.生活指導 3.自我實現
178.8　　　　　　　　　　110004697

Jo與你一起過生活：
創作、經驗、諮商三種力量

作　　者　謝秋雯
校　　對　謝秋雯
內文插畫原創　渧渧HuHu
內文插畫重製／改作　柯麗卿
出版發行　巧藝有限公司
　　　　　709台南市安南區環館北路849巷6弄13號
　　　　　電話：（06）3960-563
　　　　　E-mail：ci@ciem.com.tw
設計編印　白象文化事業有限公司
　　　　　專案主編：黃麗穎　經紀人：徐錦淳
經銷代理　白象文化事業有限公司
　　　　　412台中市大里區科技路1號8樓之2（台中軟體園區）
　　　　　出版專線：（04）2496-5995　　傳真：（04）2496-9901
　　　　　401台中市東區和平街228巷44號（經銷部）
　　　　　購書專線：（04）2220-8589　　傳真：（04）2220-8505
印　　刷　基盛印刷工場
初版一刷　2021年7月
定　　價　300元

白象文化　印書小舖 PressStore
出版 · 經銷 · 宣傳 · 設計
www.ElephantWhite.com.tw
自費出版的領導者　　購書 白象文化生活館